SABINE LATA

Die Alhambra

GESCHICHTE – ARCHITEKTUR – KUNST

ELSENGOLD

INHALT

Der Sitz der Schönheit

Ansicht der Alhambra vor schneebedeckten Gipfeln. Von links nach rechts sieht man den Comares-Turm, den Palast Karls V., den Ehrenturm (Torre del Homenaje) und den Wachturm (Torre de la Vela).

Majestätisch und uneinnehmbar erscheint die Alhambra auf dem Sabikah-Hügel oberhalb von Granada. Das Weiß der schneebedeckten Gipfel der Sierra Nevada bildet zusammen mit dem Grün des bewachsenen Hügels und den rötlichen Mauern der Burg (arab. al- ḥamrā' = Rote Burg) einen nahezu magischen Dreiklang. Nichts von ihrem spröden Äußeren, dem Mauerring mit seinen zahlreichen Türmen und dem drohenden Wachturm lässt darauf schließen, dass sich innerhalb der Befestigung eine Welt selten gesehener Pracht entfaltet. Verschwenderische Wasserspiele und üppige Gärten bilden die Kulisse für ein Kleinod maurischer Baukunst, das auf europäischem Boden seinesgleichen sucht. Zierliche Säulen allerorten, leuchtender Wandschmuck, gelegt aus farbigen Fliesen, und wie zarte Spitze wirkende Wanddekorationen aus Stuck beschwören noch heute eine Ahnung verfeinerter Lebenskunst herauf.

Einst war die Alhambra die befestigte Palaststadt der Nasriden, einer arabischen Herrscherdynastie, die zwischen 1232 und 1492 regierte. Für nahezu 800 Jahre, seitdem ein arabisch-berberisches Heer aus Nordafrika 711 die Meerenge von Gibraltar überwunden und den südlichen Teil der iberischen Halbinsel erobert hatte, stand Andalusien unter arabischer Vorherrschaft und entwickelte sich zu einem Zentrum des Geistes und der Wissenschaften. Unter der Herrscherfamilie der Nasriden entfaltete sich die maurische Kultur dann zu ihrer letzten Blüte. Mohammed I., der Begründer der Nasriden-Dynastie, machte die Stadt Granada zu seiner Hauptstadt. Er erkannte die ideale strategische Lage, die der Sabikah-Hügel für die Anlage einer Burg bot, und begann dort mit dem Bau seiner befestigten Residenz. Unter den Nachfolgern Mohammeds I. wurde der Burgberg in mehreren Etappen vergrößert und zu einer geschützten Palaststadt ausgebaut. Was heute noch an maurischer Architektur zu sehen ist, geht vor allem auf Yusuf I. (reg. 1333–54) und seinen Sohn Mohammed V. (reg. 1354–59; 1362–91) zurück.

Im Jahr 1492 wurde dann die bereits seit Langem andauernde, allmähliche Rückeroberung Spaniens durch die christlichen Könige abgeschlossen. Die Alhambra ging in den Besitz der spanischen Krone über. Selbstverständlich brachten die neuen Machthaber ihre militärische Überlegenheit auch bald durch Bauwerke zum Ausdruck. Karl V. ließ sich Privatgemächer einrichten und gab den Bau eines imposanten Palasts in Auftrag.

Heute ist die Alhambra eine Anlage aus verschiedenen Bauphasen, Architekturstilen und Erhaltungszuständen. Von der einstigen Bausubstanz ging im Laufe der Jahrhunderte viel verloren. Bereits in der Zeit der Nasriden-Herrscher wurden Gebäudeteile und Innenausstattung erneuert, vieles wurde nach der Eroberung durch die christlichen Herrscher dem Erdboden gleichgemacht, um das Areal bebauen zu können, Gärten wurden neu angelegt. Dennoch gilt die Alhambra als eine der am besten erhaltenen Palastanlagen maurischer Baukultur des Mittelalters. 1984 wurde sie zum UNESCO-Weltkulturerbe ernannt. Sie ist eines der beliebtesten touristischen Ziele in Spanien mit Millionen von Besuchern jährlich.

Die Alhambra wurde einmal mit einem Schiff verglichen, das zwischen den Bergen und der Ebene vor Anker gegangen sei. In der Tat trifft diese Beschreibung die lang gestreckte Gestalt der Alhambra recht gut. An ihrem westlichsten Zipfel befindet sich die Alcazaba, also die Festung, der eigentliche militärische Bereich der Alhambra. In östlicher Richtung angrenzend folgen verschiedene Palastanlagen und ihre Überbleibsel aus nasridischer Zeit, von denen der Comares-Palast und der Palast der Löwen als zusammenhängende Anlagen heute die am besten erhaltenen sind, sowie der Palast Karls V. inklusive Kapelle. Die übrigen östlich gelegenen zwei Fünftel der Fläche waren der Medina, dem städtischen Bereich, vorbehalten, der Wohnhäuser, Werkstätten, Bäder und

Moscheen umfasste. Die komplette Anlage der Palaststadt ist umringt von einer turmbewehrten Umfassungsmauer. Außerhalb der Befestigung, im Nordosten, liegt außerdem der Sommerpalast Generalife (Palacio de Generalife).

Die Alcazaba ist ein bedeutendes Beispiel für nasridische Militärarchitektur. Die Festung gehört mit zu den am ältesten bebauten Bereichen der Alhambra. Bereits für das 9. Jahrhundert ist die Nennung einer „alcazaba“ dokumentiert, Reste von Mauerwerk

Blick vom Wachturm (Torre de la Vela) aus auf die die Alcazaba östlich abschließende Schutzmauer mit dem Ehrenturm (Torre del Homenaje) und dem zerbrochenen Turm (Torre Quebrada)

stammen aus der Zeit der Ziriden-Herrscher, als Granada im 11. Jahrhundert an Bedeutung gewann. Ihr heutiges Erscheinungsbild geht jedoch im Großen und Ganzen auf das 13. Jahrhundert zurück, als der erste Nasriden-Herrscher Mohammed I. mit dem Ausbau der Burg begann, der von seinem Nachfolger Mohammed II. fortgeführt wurde. Von dem mächtigen Wachturm (Torre de la Vela) an der westlichen Spitze erstreckt sich das dreieckige Burggelände bis hin zu einer mit drei Türmen bewehrten Schildmauer, die diesen militärischen Bereich nach Osten hin abschließt. Ein innerer Befestigungsring und weitere Türme schützten das Bollwerk. Natürlich hatte der Wachturm eine wichtige strategische Funktion, denn von seinem Dach aus hat man einen hervorragenden Blick auf die Ebene von Granada. Aus christlicher Zeit besitzt er einen kleinen Glockenturm, mit dessen Glocke ehemals wohl Alarm gegeben werden konnte. Heute wird die Glocke jedes Jahr am 2. Januar geläutet, zur Erinnerung an die Kapitulation des maurischen Granada im Jahre 1492, sowie am 12. Oktober, dem Tag, an dem Christopher Kolumbus in Amerika landete.

Die Befestigungsmauer der Alhambra verfügt über vier Torbauten. Der repräsentativste Torzugang, das Tor der Gerechtigkeit (Puerta de la Justicia), befindet sich an der

Von dem Partal (Palacio del Partal) haben sich nur noch ein fünfbogiger Portikus mit Wasserbecken sowie der Damenturm (Torre de las Damas) erhalten.

südlichen Mauer der Anlage und wurde laut einer Inschrift über dem inneren Torbogen im Jahr 1348 von Yusuf I. gebaut. Die äußere Fassade des kastenförmigen Baus wird von einem offenen, für die maurische Baukunst typischen Hufeisenbogen bestimmt. Erst der zweite Hufeisenbogen kann durch eine Tür verschlossen werden. Der sich anschließende Gang besitzt die Eigenheit, auf verwirrende Weise gleich mehrere Male die Richtung zu ändern. In die Schlusssteine der erwähnten Bögen sind Symbole eingemeißelt, eine Hand und ein Schlüssel mit Band – Bilder, deren Bedeutung nicht abschließend geklärt ist.

Die Paläste der Nasriden-Herrscher sind die Hauptattraktion der Alhambra. Mit Ausnahme des Palastes der Abencerragen lagen sie im Nordosten, wo sie sich zu einer Art königlichem Bezirk verdichteten. Von den sechs dokumentierten Palästen haben sich nur der Comares-Palast und der Löwenpalast in größerem Umfang erhalten. Die übrigen Anlagen wurden zwischen 1492 und 1812 weitgehend zerstört.

Eine Besonderheit der Nasriden-Paläste war der Verzicht auf imposante Außenfassaden und zentrale Eingangsportale, was sie deutlich von der europäischen Baukunst unterscheidet. Die Anlage der Paläste war auf einen Innenhof hin orientiert, um den sich

Das Motto der Nasriden-Herrscher „Es gibt keinen Sieger außer Allah" soll die Alhambra über tausend Mal zieren, hier zum Beispiel im Wanddekor des Cuarto Dorado.

die Baukörper gruppierten. Von außen wirken die Paläste daher unscheinbar und sind nicht als solche zu erkennen. Die Verschleierung der Übergänge zwischen Innenräumen und Hof durch offene Säulenhallen sowie die Betonung der Schmalseiten durch besonders prächtige Architekturen, im Vergleich zu den Längsseiten, sind wiederkehrende Gestaltungsprinzipien.

Marmor, Stuck, Keramik und Holz sind die Materialien, aus denen Künstler eine Innenraumwirkung zauberten, die Besucher über Jahrhunderte hinweg in Staunen versetzte. Für das westliche Auge besonders exotisch wirken die bunten Fliesen, die zu teilweise komplizierten Mustern gelegt wurden, und die filigran modellierten Stuckverkleidungen an Wänden und Decken. Vor allem Letztere rufen durch ihr zartes Relief eine geradezu atemberaubende Wirkung hervor. Seit dem 10. Jahrhundert nutzte man in zunehmendem Maße weichen und gut zu bearbeitenden Stuck. Neben geometrischen und vegetabilen Mustern spielten Inschriften eine wichtige Rolle. In Bändern und Medaillons bestimmen sie das Wanddekor wesentlich mit und sind überall im Palastareal aufzufinden. Es handelt sich unter anderem

3
ولا غالب
الا الله

Die Zweiachsigkeit der mit goldfarbenen Stucktafeln belegten Südwand des Hofes des Goldenen Zimmers (Cuarto Dorado) stellt innerhalb des Comares-Palasts eine Besonderheit dar.

um Gedichte, etwa des Dichters Ibn Zamrak (gest. 1393). Häufig beschreiben sie die Räume und ihre Funktion, lassen das Gebäude scheinbar selbst sprechen oder nennen historische Daten. Die Unabhängigkeit und Frömmigkeit der Nasriden-Herrscher werden beschworen, und allerorts erscheint der Wahlspruch der Nasriden: „Es gibt keinen Sieger außer Allah."

Einer der beiden am besten erhaltenen Paläste ist der Comares-Palast. Spuren eines Bauwerks, das Ismail I. (reg. 1314–25) errichtet hatte, sind noch in ihm erhalten, doch waren die Sultane Yusuf I. (reg. 1333–54) und sein Sohn Sultan Mohammed V. (reg. 1354–59, 1362–91) die eigentlichen Bauherren. Unter Mohammed V. wurden die Bauarbeiten 1370 vollendet.

Dem Palastbezirk westlich vorgelagert ist der Saal des Mexuar (Sala Mexuar), eine öffentliche Audienzhalle, in der der Herrscher seine Untertanen anhörte. Ihre Bausubstanz dürfte vor allem aus der Zeit Ismails (gest. 1325) und Mohammeds V. stammen. Im Laufe der Jahrhunderte hat der Saal, der ursprünglich einem heute nur noch in Fragmenten erhaltenen Komplex angehörte, zahlreiche Veränderungen erfahren. In christlicher Zeit baute man ihn etwa in eine Kapelle um. Von einer einstigen Kuppel zeugen noch heute die Säulen sowie die Konsolen und das heute merkwürdig hohe Gebälk. Auch das Keramikdekor stammt aus unterschiedlichen Zeiten. Der Saal des Mexuar öffnet sich im Norden zu einem Gebetsraum, im Süden zu einem kleinen Durchgangsraum, der in den Bereich des Cuarto Dorado führt.

Die eigentliche „Goldene Halle" ist ein verhältnismäßig kleiner, nördlich gelegener Raum mit Fenstern zum Darrotal hin, den man über einen vorgelagerten Hof mit dreibogigem Säulenportikus betritt. Diesen Hof schmückt eine Besonderheit: Seine südliche Wand besitzt die Wirkung einer Schaufassade, nur ist sie nach innen verlegt. Die nahezu quadratische Wand, zu der flache Stufen führen, ist von zwei rechteckigen Türöffnungen durchbrochen. Weit oberhalb dieser Öffnungen befindet sich in der Mitte ein kleines Fenster, das von Biforien (Zwillingsfenstern) flankiert wird. Raffiniert wirkt, dass diese Zwillingsfenster leicht aus den Mittelachsen der Türen nach innen hin verschoben sind. Einen kräftigen farbigen Akzent im unteren Bereich der Wand setzen die hohe Sockelzone mit geometrischem Fliesenmuster und die die Türöffnung rahmenden Fliesenbänder in kompliziert verschlungener Knotenband-

Der Weg zu der Stelle, an der in der mittleren Öffnung der Herrscherthron gestanden haben soll, führt aus dem dunklen Barke-Saal (Sala de la Barca) in den helleren Saal der Gesandten.

ornamentik. Die Türrahmung wird von der Sockelzone unterbrochen. Die übrige Wandfläche ist von reliefierten Stuckbändern und -feldern bedeckt, deren Position sich an den Türöffnungen ausrichtet. Tür und Fensterzone sind durch ein breites horizontales Band voneinander geschieden. Es wird vermutet, dass zwischen den Türen zeitweise ein mobiler Thron stand, der von dem Schatten spendenden Holzdach beschirmt wurde. Gewissermaßen war die Wand der Zugang zum Zentrum der Macht – jedenfalls wenn man durch die linke Türöffnung schritt und dem Weg durch einen besonderen Gang folgte. Dann näherte man sich den wichtigsten Räumen des Palasts, die nur wenigen Besuchern zugänglich waren. Wählte ein Besucher die rechte Tür, entfernte er sich von diesem Bereich.

Der erwähnte Gang mündet in den Myrtenhof (Patio de los Arrayanes). Es ist der zentrale Innenhof des Comares-Palasts, und so ist es erstaunlich, dass man diesen nicht an einer herausgehobenen axialen Stelle betritt, sondern von der Seite her. Einigermaßen symmetrisch, wird der Hof an seinen schlicht gehaltenen Längsseiten von weiteren längsrechteckigen zweigeschossigen Räumen flankiert. An die östliche Langseite schließt sich die aus einer Abfolge verschiedener Bereiche bestehende Badanlage an. Es gibt einen Hauptraum mit zwei Geschossen und mehrere Nebenräume für die heißen und kalten Bäder. Die Gewölbe werden von sternförmigen Öffnungen im Dach durchbrochen.

Im zentralen Myrtenhof wird erfahrbar, dass Wasser in der Alhambra nicht ausschließlich praktischen Nutzen besaß, sondern gestalterisch eingesetzt wurde: Märchenhaft spiegelt sich die Säulenhalle der nördlichen Schmalseite im Wasserbecken des Myrtenhofs. Der durch seine Höhe hervorgehobene mittlere Bogen führt durch den querrechteckigen Barke-Saal (Sala de la Barca) in das Herz des Palastes, den Saal der Gesandten (Salón de los Embajadores). In ihm empfingen die Nasriden-Herrscher ihre Staatsgäste. Der herausgehobenen Funktion des Raumes entsprechen seine Lage und seine Ausstattung im Palastkomplex. Er befindet sich im Obergeschoss des Comares-Turms (Torre de Comares) und liegt genau auf der Mittelachse des Myrtenhofs. Sein quadratischer Grundriss mit einer Seitenlänge von elf Metern und einer Höhe von 18,20 Metern macht ihn zu einer beeindruckenden Halle. Er ist über und über mit Stucktafeln und Fliesen ausgekleidet. Aber als die eigentliche Attraktion darf die einzigartige Holzdecke gelten, die den kompletten Raumkubus überwölbt. Ihr überreicher Dekor besteht aus rund 8000 Täfelchen, die ein kompliziertes Muster aus acht- und 16-zackigen Sternen bilden. Die Decke wurde als symbolische Darstellung der sieben übereinanderliegenden Himmel des islamischen Kosmos interpretiert, wie er im Koran (Sure 67,3) beschrieben ist.

Die drei Turmwände des Saals sind ebenerdig von jeweils drei breiten Öffnungen durchbrochen, die durch die erhebliche Tiefe der Mauern zu Alkoven ausgebildet sind. Die jeweils mittlere Nische ist besonders hervorgehoben, allerdings auf zurückhaltende Weise, etwa durch ihr größeres Format und durch rahmende Säulchen. Vor allen anderen Nischen ist jedoch die Mittelnische der Turmnordseite durch ihre Position auf der Mittelachse und durch eine spezielle Inschrift im Alkoven akzentuiert. Während der um die Öffnung laufende, rahmende Fries um Segen und Seelenheil für Mohammed bittet, spricht das Gedicht im Alkoven den Ort als Sitz des Herrscherthrons an.

Während der Comares-Palast den Nasriden-Herrschern wahrscheinlich als eine Art „Staats- und Verwaltungsgebäude“ diente, in dem Delegationen empfangen und Gericht gehalten wurde, wurde in der Literatur immer wieder die privatere Ausstrahlung des zweiten, weitgehend erhaltenen Palasts betont. Mohammed V. ließ den Löwenpalast im 14. Jahrhundert östlich neben dem Comares-Palast errichten.

Das Zentrum des Löwenpalasts stellt der Löwenhof dar, der von einem umlaufenden Säulengang umgeben ist und dessen Mittelpunkt der namensgebende Brunnen einnimmt: Zwölf Löwenskulpturen tragen eine polygonale Brunnenschale. Aus ihren Mäulern speien sie Wasser in einen mehrseitigen vertieften Ring, dem vier schmale Kanäle entspringen, die den Hof, dessen Felder einst bepflanzt gewesen sein sollen, kreuzförmig durchziehen.

Auf der Nordsüdachse laufen die Kanäle direkt in das Innere zweier Säle hinein, in den nördlichen Saal der Zwei Schwestern (Sala de las Dos Hermanas) und den südlichen Saal der Abencerragen (Sala de los Abencerrajes), wo sie in kleinen Becken enden. An den Schmalseiten des Löwenhofs münden die Wasserläufe unter eleganten Pavillons, die den angrenzenden Gemächern vorgelagert sind, der Sala de los Mocárabes im Westen und dem Saal der Könige (Sala de los Reyes) im Osten. Auf diese Weise werden außen und innen, Natur und Architektur, elegant miteinander verschmolzen.

Der Saal der Könige erhielt seinen Namen aufgrund einer Besonderheit: Seine Gewölbe sind mit figürlichen Darstellungen geschmückt, die im Islam eigentlich nicht

erlaubt sind. Es handelt sich um auf Pergament gemalte Bilder, mit denen die länglichen Holzgewölbe ausgekleidet wurden. Das mittlere Bildfeld zeigt zehn miteinander disputierende islamische Würdenträger auf goldenem Fond, die in der Vergangenheit – wohl irrtümlich – mit zehn Herrschern aus der Nasriden-Dynastie identifiziert wurden. Weitere Gemälde zeigen sogar Szenen von der Jagd und vom Hofleben.

Ein Gang aus schlanken Säulen bildet den eleganten Rahmen für den namensgebenden Brunnen im Zentrum des Löwenhofs.

Die Kuppeln im Saal der Zwei Schwestern und im Saal der Abencerragen sind übrigens spektakuläre Beispiele für den Einsatz von Zierelementen der islamischen Architektur, die im Deutschen häufig als Stalaktiten bezeichnet, im Arabischen Muqarnas genannt werden. Es handelt sich um Gebilde aus aneinandergereihten konkaven Elementen, die in mehreren überkragenden Reihen angeordnet sein können. Verlängert man die Kanten an den Stellen, an denen die Nischen aufeinandertreffen, so ergeben sich hängende Formen, die entfernt an Stalaktiten erinnern. Ursprünglich dienten Muqarnas dazu, einen rechteckigen Raum mit einer Kuppel zu verbinden. Muqarnas sind überall im Palast zu finden, in den genannten Sälen jedoch auf besonders eindrucksvolle Weise ausgeführt. Während in der europäischen Bauweise traditionell die tragenden und lastenden Teile betont werden, gelingt es durch Muqarnas, die Funktionen der Architekturformen zu verschleiern. Die Muqarnas-Gewölbe lösen die festen Formen der Kuppel optisch auf.

Außerhalb der Befestigungsmauer, nordöstlich und oberhalb der Alhambra gelegen, hat sich ein weiterer Palast erhalten: der Generalife, ein Landgut mit weitläufigen Gartenanlagen und palastartiger Wohnstätte. Es geht im Kern auf Mohammed II. (1273–1302) zurück, wurde durch Umbauten jedoch stark verändert. Den Mittelpunkt bildet der fast 50 Meter lange schmale Hof des Kanals (Pa-

tio de la Acequia). Im glutheißen Andalusien war Wasser purer Luxus – erst recht in jener verschwenderischen Form, wie es in der Alhambra begegnet, als Wasserbassins, offene Wasserleitungen, wasserspeiende Löwen und sogar als fließendes Wasser in den Handläufen einer Treppe, der berühmten Wassertreppe in den Anlagen des Generalife. Das Wasser kühlte, und es wurde auch dem Auge etwas geboten. Ermöglicht wurde die Wasserversorgung übrigens erst durch eine geschickte Umleitung des Flusses Darro oberhalb von Granada, der von dem Schmelzwasser der auch sommers schneebedeckten Gipfel der Sierra Nevada gespeist wird.

Von den übrigen vier Palästen innerhalb der Befestigungsmauer hat sich leider nur wenig erhalten. Vieles musste zum Beispiel für den Palast Kaiser Karls V. weichen, einen massiven Renaissancebau über quadratischem Grundriss, der mit seinen Maßen und der rustizierten (durch markantes Mauerwerk gekennzeichneten) Fassadenverkleidung geradezu wie ein Gegenentwurf zu der eleganten Säulenarchitektur der Nasriden wirkt. Karl V. hatte den Palast bei Pedro Machuca in Auftrag gegeben, einem in Italien geschulten spanischen Maler und Architekten. Erst im 20. Jahrhundert wurde das Gebäude vollendet. Heute beherbergt es verschiedene Museen.

Nach dem Sieg der christlichen Herrscher 1492 verlor die Alhambra allmählich an Bedeutung und verwahrloste zunehmend. Zwar ließ Napoleon im Zuge der französischen Besetzung Spaniens einige Instandhaltungsmaßnahmen durchführen,

Im Saal der Abencerragen wird die spektakuläre Wirkung seiner Muqarnas-Kuppel zusätzlich dadurch gesteigert, dass sich die Wölbung über der Laterne in der Form eines achtzackigen Sterns erhebt.

doch sprengten seine abziehenden Truppen ein Munitionsdepot und damit auch einen Teil der Festung. Erst im 19. Jahrhundert wurde die Alhambra wiederentdeckt – unter anderem durch die Berichte von Reisenden, die neugierig genug waren, das damals als rückständig angesehene Südspanien zu besuchen. Am bekanntesten sind vielleicht die Betrachtungen des amerikanischen Schriftstellers Washington Irving in dem Buch „The Alhambra“ von 1832. Irving hatte sich eine Zeit lang in der Alhambra einquartiert. Der Gebäudekomplex fesselte die Fantasie romantischer Dichter, Künstler und Architekten. In westlichen Augen verkörperte er die islamische Kunst schlechthin, orientalischer Flair kam in Mode. Wer es sich leisten konnte, bestellte sich Bäder im „maurischen Stil“ oder ließ sich das Innere von Maschinenhäusern mit spanisch-maurischem Dekor verschönern.

Heute dürfen Kinos, Automodelle und Halsketten Alhambra heißen. Trotz dieser um sich greifenden Profanisierung und des Überstrapazierens des Namens, ungeachtet der täglichen Massen an Touristen, die sich über die Anlage ergießt, ist der Besucher nach wie vor bezaubert. Auch heute gilt der Satz von Washington Irving: „Der Sitz der Schönheit ist hier.“

Der Palast Generalife wurde als Landsitz konzipiert und von den Nasriden als Ort der Muße und Erholung genutzt.

Festung – Türme

– Tore

Seite 26 | 27 *Die Alcazaba erstreckt sich zwischen der östlichen Schildmauer mit dem Ehrenturm (Torre Homenaje), auf der Abbildung links, und dem mächtigen Wachturm (Torre de la Vela) rechts.*

Seite 28 | 29 *Blick in Richtung Westen auf den Wachturm (Torre de la Vela) und das Waffentor (Torre de las Armas), das hier als Querriegel erscheint, sowie auf die Befestigungsanlagen der nördlichen Seite.*

Seite 30 *Die Alcazaba gehört zum ältesten Teil der Alhambra. Hier ein Blick auf die Schildmauer, die die eigentliche Festung von der übrigen Anlage trennt.*

Seite 31 *Der über quadratischem Grundriss errichtete Wachturm (Torre de la Vela) thront auf dem westlichsten Zipfel der Alcazaba.*

Seite 32 | 33 *In dem Bereich zwischen dem Wachturm (Torre de la Vela) an der westlichen Spitze der Alhambra und der östlich gelegenen Schildmauer wurden Fundamente von Kasernen freigelegt.*

Seite 34 *Das Tor der Gerechtigkeit (Puerta de la Justicia) gewährt Einlass in das Innere der Alhambra. Deutlich ist hier der zweite Hufeisenbogen im Inneren des Bauwerks zu erkennen.*

Seite 35 *Die Innenfassade des Tors der Gerechtigkeit (Puerta de la Justicia) ist mit zu Flechtbändern und Bögen gelegten flachen Backsteinen geschmückt. Rechts sieht man Reste eines blauen Dekors.*

Seite 36 *Die Madonna mit Kind aus dem 16. Jahrhundert über einem Durchlass im Tor der Gerechtigkeit (Puerta de la Justicia) ist erst in christlicher Zeit angebracht worden.*

Seite 37 *Direkt an der gut geschützten, steil abfallenden Nordseite der Alhambra liegt der Partal mit dem Damenturm (Torre de las Damas; rechts) und dem Bethaus (links) – letzte Reste einer Palastanlage.*

Seite 38 *Das innerhalb des Befestigungsrings gelegene Tor des Weins (Puerta del Vino) war einst der Zugang zur Medina, der Altstadt der Alhambra.*

Seite 39 *Der eingemeißelte Schlüssel erscheint auf dem inneren Bogen des Tors der Gerechtigkeit und auch auf dem Schlussstein der westlichen Fassade des Weintors (Puerta del Vino), hier im Bild.*

Seite 40 / 41 *Die typischen glasierten Keramikfliesen in Cuerda-Seca-Technik schmücken die Zwickel der östlichen Fassade des Weintors (Puerta del Vino).*

Seite 42 *Der Sommerpalast Generalife bietet einen herrlichen Blick auf den Partal (Mitte), die Torre de los Picos links sowie den Comares-Turm rechts.*

Seite 44 / 45 *Die Befestigungsmauer der Alhambra besitzt ca. 29 Türme. Hier ist im Vordergrund der nordöstlich gelegene Turm der Gefangenen (Torre de la Cautiva) zu sehen.*

Seite 46 / 47 *Blick auf einen südlich gelegenen Teil der Befestigungsmauer. Von links nach rechts erkennt man die Alcazaba, das obere Geschoss des Palasts Karls V. und die Kirche Santa María.*

Der Mexuar

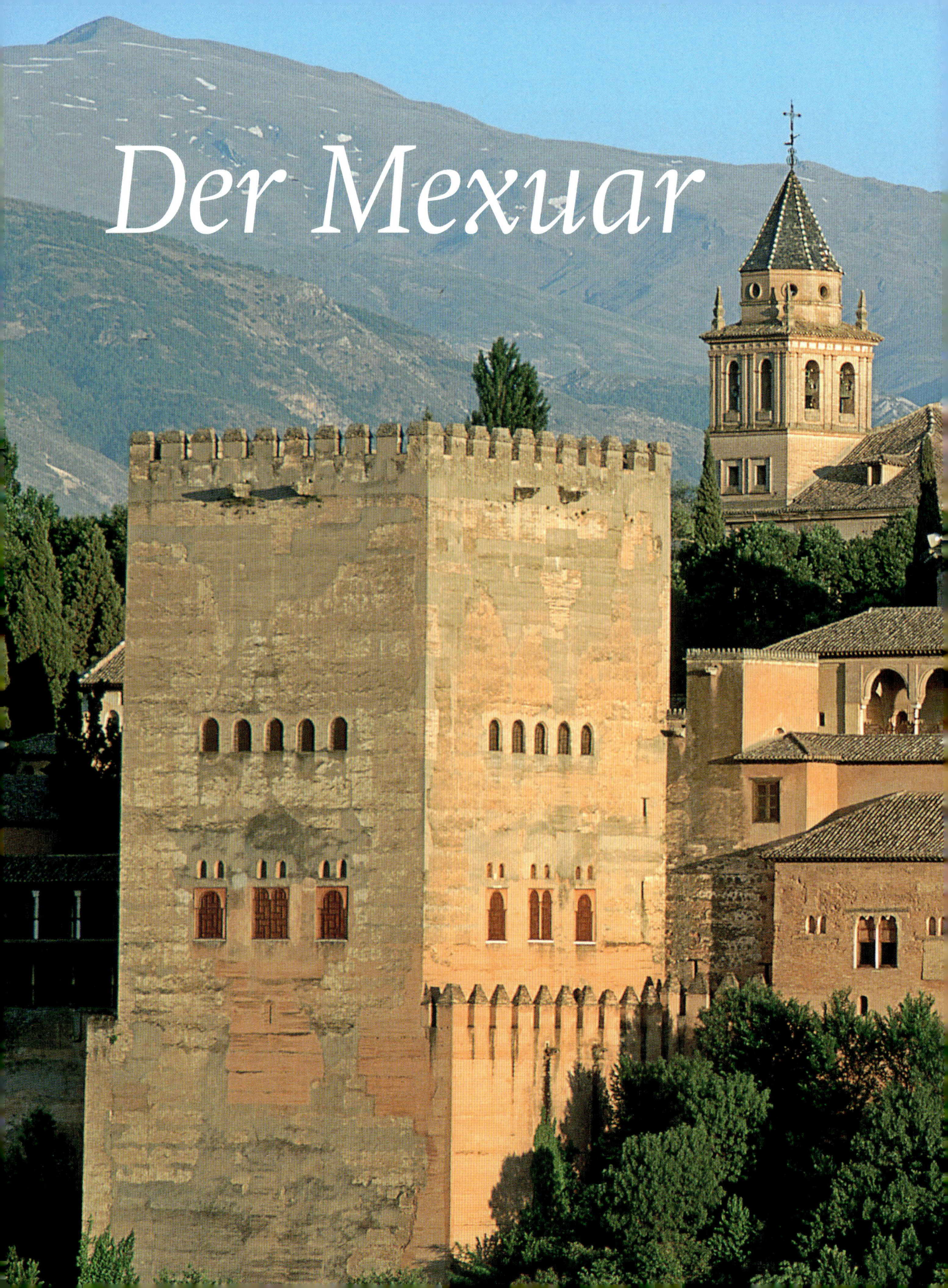

Seite 48 / 49 *Rechts neben dem mächtigen Comares-Turm (Torre de Comares) im Vordergrund ist die niedrige Fassade mit Zwillingsfenster des Goldenen Zimmers (Cuarto Dorado) zu erkennen und die Fassade des dazu leicht abgewinkelt liegenden Betsaals. Darüber erhebt sich der Saal des Mexuar mit drei rechteckigen Fenstern.*

Seite 50 / 51 *Der Saal des Mexuar, das niedrige Gebäude mit einem runden und drei eckigen Fenstern im Hintergrund links, gehörte wahrscheinlich zu einer größeren Anlage, von der noch der Machuca-Hof (Patio de Machuca) und der Hof der Moschee (Patio de la Mezquita) im Bildmittelgrund zeugen.*

Seite 52 *Detail der Außenfassade des Saals des Mexuar. Im Hintergrund links ist der Comares-Turm (Torre de Comares) zu erkennen.*

Seite 53 *Der vor dem Saal des Mexuar gelegene Machuca-Hof wurde nach Pedro Machuca, dem Architekten des Palasts Karls V., benannt, der einst in dem zum Hof gehörenden Turm gewohnt haben soll.*

Seite 54 *Der nördlich gelegene Portikus des Machuca-Hofs wurde im 20. Jahrhundert erneuert. Im Hintergrund sieht man das Dach des niedrigen zugehörigen Turms (Torre de Machuca).*

Seite 56 *Das Erscheinungsbild des Saals des Mexuar ist das Ergebnis mehrerer Umbauten. Im Hintergrund öffnet sich die Wand zum Betsaal.*

Seite 57 *Die noch erhaltenen zarten Säulen mit dem wuchtigen Gebälk im Saal des Mexuar trugen einst anstelle der heutigen Holzdecke eine Glaskuppel.*

PLVS
VLTRE

Seite 58 *Die Keramikdekoration des Saals des Mexuar stammt aus unterschiedlichen Epochen. Die Tafel aus christlicher Zeit zeigt eine der Säulen des Herkules mit dem Motto der spanischen Könige: „Plus Ultre“ – „Darüber hinaus“.*

Seite 59 *An der Stelle der Decke im Saal des Mexuar, an der sich ehemals eine Kuppel öffnete, befindet sich heute eine schöne quadratische Holzdecke.*

Seite 60 / 61 *Die Tür links an der südlichen Schmalseite des Mexuar-Saals führt zum heutigen Eingangshof.*

Seite 62 / 63 *Sternmuster werden in den Nasriden-Palästen an vielen Stellen als Dekor verwendet. Hier wird ein solches Muster von einem Keramikband mit Flechtornamentik und einem Inschriftenband aus Stuck begleitet.*

Seite 64 / 65 *Die Fenster des kleinen Betsaals an der Nordseite des Saals des Mexuar öffnen sich zur Landschaft hin.*

Seite 67 *Die Gebetsnische (Mihrab) des Betsaals ist von einem Hufeisenbogen gerahmt und im oberen Bereich außen sowie auch innen reich mit Stuckreliefs geschmückt.*

Der Comares-Palast

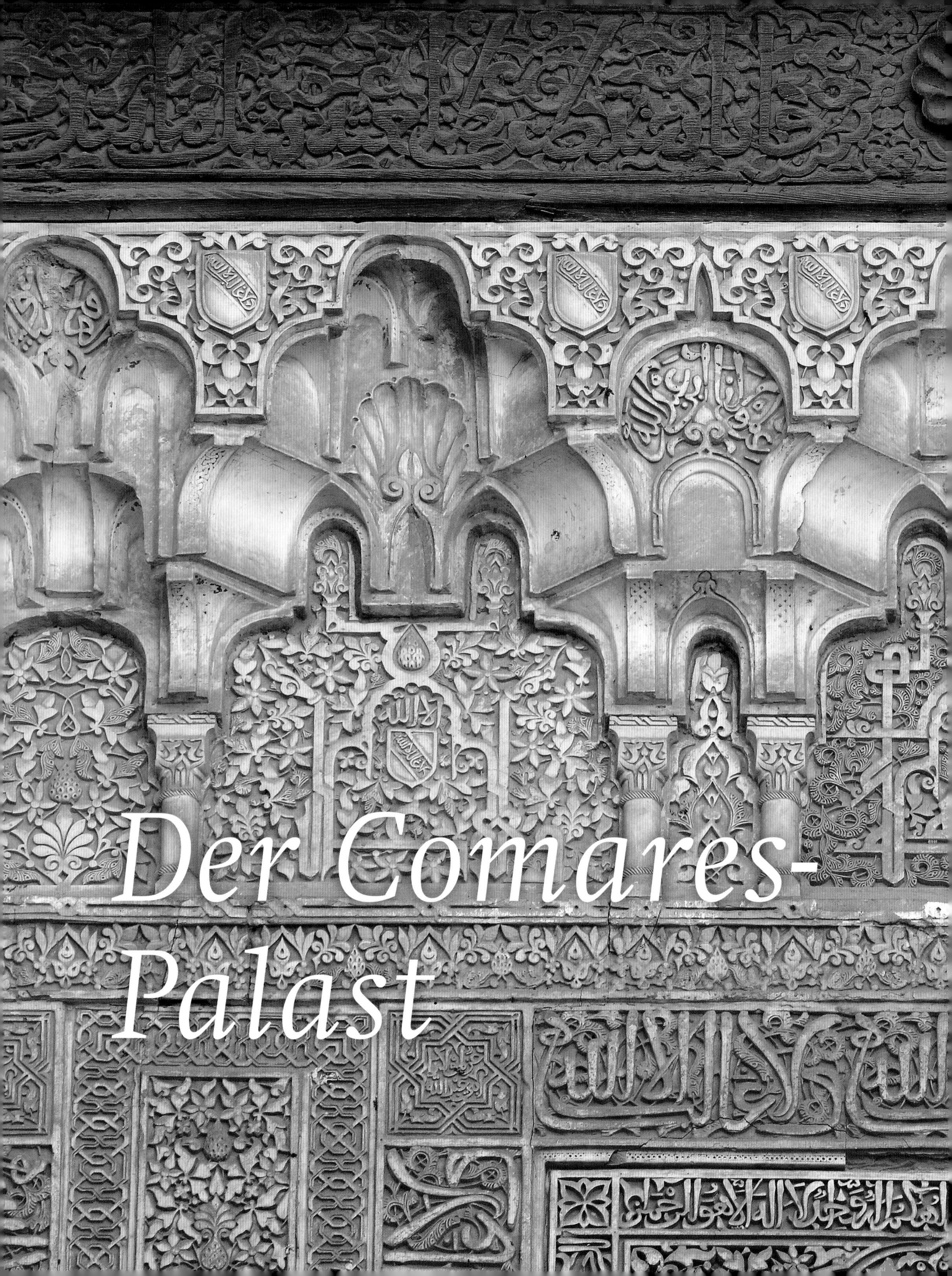

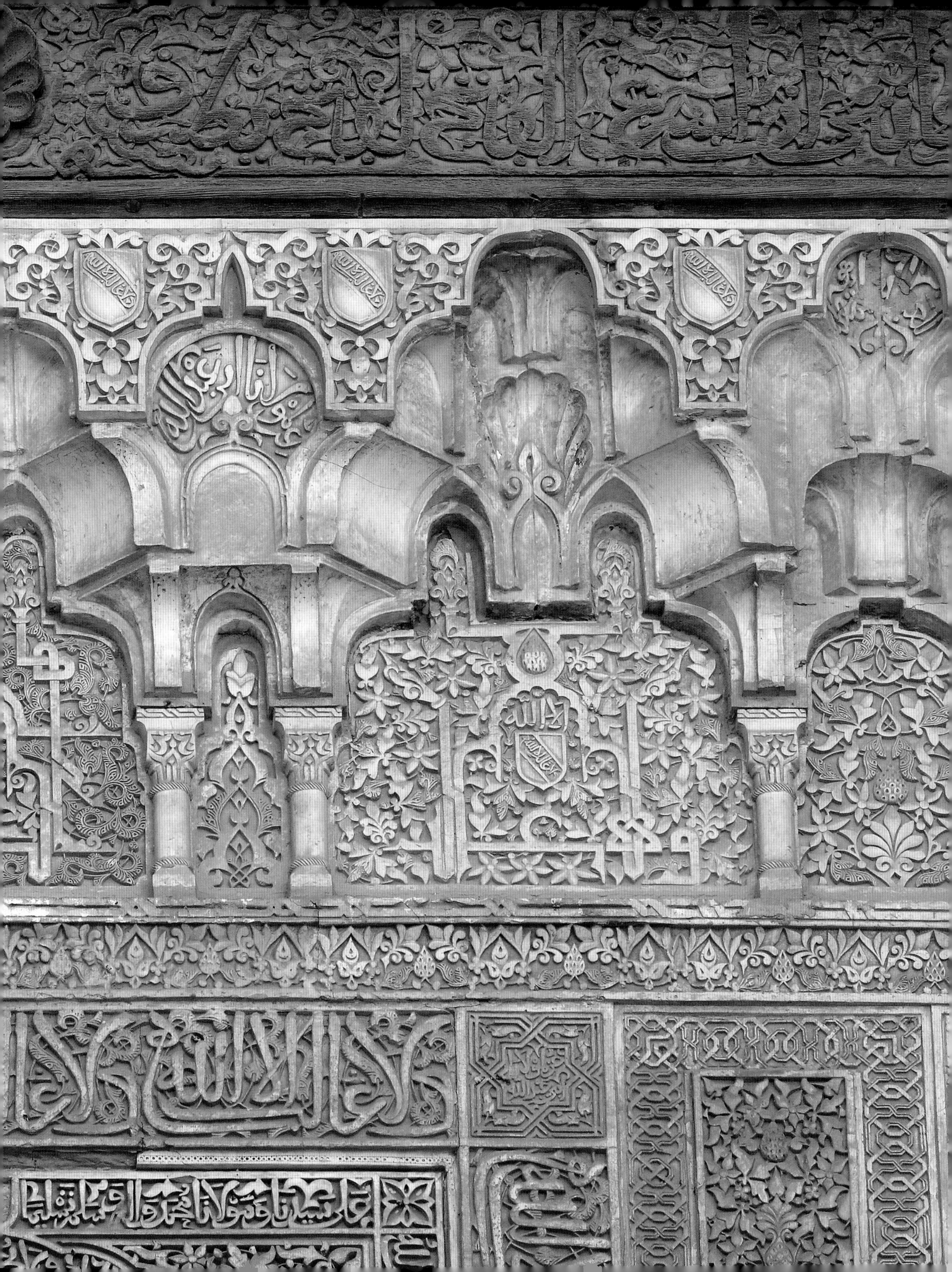

Seite 68 / 69 *In den hölzernen Fries der Südfassade oberhalb der goldfarbenen Muqarnas (also der spitzbogenartigen Elemente) im Hof des Goldenen Zimmers (Cuarto Dorado) ist ein Gedicht eingeschnitten, dessen Verse durch Muscheln getrennt werden.*

Seite 70 *Die Südfassade des Hofs des Goldenen Zimmers (Cuarto Dorado) ist ein Meisterwerk islamischer Kunst.*

Seite 71 *Der Nordportikus im Hof des Goldenen Zimmers (Cuarto Dorado) leitet den Besucher in den eigentlichen kleinen Cuarto Dorado.*

Seite 72 | 73 *Dekorelemente aus Stuck wurden flächendeckend eingesetzt, um Wände, Zwickel oder die Innenseiten der Kuppeln mit Ornamenten zu überziehen. Hier ein Blick in eine der beiden Seitennischen des Nordportikus.*

Seite 74 | 75 *Detailaufnahme der Holzdecke im Goldenen Zimmer (Cuarto Dorado) aus christlicher Zeit*

Seite 76 *Der Myrtenhof (Patio de los Arrayanes) im Herzen des Comares-Palastes erhielt seinen Namen wohl aufgrund der das Wasserbassin säumenden immergrünen Myrten.*

Seite 78 *Bänder mit Inschriften sind ein tragendes Gestaltungsmittel im Arkadendekor des Myrtenhofs (Patio de los Arrayanes).*

Seite 79 *Diese Detailansicht aus dem Myrtenhof (Patio de los Arrayanes) zeigt das Aufeinandertreffen von verschiedenen Mustern und Materialien.*

Seite 80 *An vielen Stellen innerhalb der Alhambra finden sich Farbreste an dem Stuckdekor, wie auch hier an der Wandverkleidung im Myrtenhof (Patio de los Arrayanes).*

Seite 81 *In den Längsflügeln des Myrtenhofs (Patio de los Arrayanes), die von außen bis auf die Stuckrahmen der Türen schlicht gestaltet sind, waren vier Wohneinheiten untergebracht.*

Seite 82 *Der mächtige Comares-Turm beherbergt einen der prächtigsten Säle der Alhambra, den Saal der Gesandten (Salón de los Embajadores).*

Seite 83 *Das in das flache Becken des Brunnens sprudelnde Wasser strömt kraftvoll in den Ausguss, wird dort langsamer und fließt sanft in das große Wasserbecken des Myrtenhofs (Patio de los Arrayanes).*

Seite 84 *In die massiven Wände des Barke-Saals (Sala de la Barca) sind aufwendig geschmückte Nischen eingelassen, in die Wasserkrüge gestellt werden konnten.*

Seite 86/ 87 *Der Saal der Gesandten (Salón de los Embajadores) ist der größte und bedeutendste Raum im Comares-Palast. Im Zentrum der mittleren Wand stand einst der Herrscherthron. Der Raum ist genau quadratisch angelegt.*

Seite 88 *Fliesen mit den Wappen der Nasriden-Herrscher schmücken die Mitte des Bodens im Saal der Gesandten.*

Seite 89 *In das Gewölbe des Hauptraums der Badeanlage sind sternförmige Lichtöffnungen eingelassen, die mit Glasaufsätzen verschlossen werden konnten.*

Der Löwenpalast

Seite 90 | 91 *Der schöne Brunnen steht am Kreuzpunkt der vier offenen Kanäle, die den Löwenhof in alle Himmelsrichtungen durchziehen.*

Seite 92 | 93 *Den Rand der von zwölf Löwen getragenen zwölfeckigen Schale ziert ein Gedicht des Wesirs und Dichters Ibn Zamrak, dessen Verse auch in vielen Gemächern der Alhambra zu finden sind.*

Seite 94 *Die Löwen speien das Brunnenwasser in einen vertieften, polygonalen Ring, von dem aus es durch die Kanäle bis in die Räume und Pavillons des Löwenpalasts fließt.*

Seite 96 / 97 *Unter den spitzen Dächern der Pavillons verstecken sich halbkugelartig gewölbte Holzdecken.*

Seite 98 / 99 *Obwohl an den Ecken der Pavillons im Löwenhof gleich drei Säulen aufeinandertreffen, um die Last der Eckpfeiler zu tragen, wirkt die Architektur leicht und elegant.*

Seite 100 *Die Säulenhälse der schlanken Stützen im Löwenhof sind durch mehrere, verschieden dicke Ringe akzentuiert.*

Seite 101 *Das Verschönern von Palästen mit Reliefs hat in der islamischen Kunst Andalusiens eine lange Tradition. Bevor die Künstler dazu übergingen, weichen Stuck zu benutzen, wurden die Muster in Steinplatten gemeißelt.*

Seite 102 / 103 *Der Saal der Könige gliedert sich in drei quadratische Gemächer, die durch Muqarnas-Bögen voneinander getrennt sind. Die Abbildung zeigt den Blick von der nördlichen Schmalseite aus.*

Seite 104 *Wie zarteste Spitze wirken die Stuckverzierungen einer Wand im Löwenhof.*

Seite 105 *An der östlichen Seite des Saals der Könige wechseln sich kleinere quadratische Gemächer mit Muqarnas-Gewölben und längliche Räume mit Deckengemälden ab.*

Seite 106 / 107 *Das Deckengemälde im mittleren Alkoven des Saals der Könige zeigt eine Versammlung von auf Kissen thronenden, miteinander disputierenden Würdenträgern.*

Seite 108 / 109 *Von außerhalb kann man die Sternform der Laterne des Saals der Abencerragen besonders deutlich erkennen.*

Seite 110 *Diese Stuckverzierung aus dem Saal der Zwei Schwestern besteht aus einem Medaillon mit Inschrift, das einem Quadrat eingeschrieben ist und von einem System aus sich kreuzenden Flechtbändern gerahmt wird. Kleine Blättchen füllen die freien Flächen aus.*

Seite 111 *Die Kanäle des Löwenbrunnens münden in kleine Brunnenbecken, wie hier im Saal der Abencerragen.*

Seite 112 / 113 *Die Muqarnas bringen die Kuppel über der polygonalen Laterne des Saals der Zwei Schwestern scheinbar zum Schweben.*

Der Generalife

Seite 114 / 115 *Das Herz des Generalife bilden Nord- (links) und Südpavillon (rechts), die den zentralen Hof des Wasserkanals (Patio de la Acequia) an den Schmalseiten begrenzen.*

Seite 116 / 117 *Am Hang des Cerro del Sol östlich der Alhambra gelegen, war der Generalife der Sommerpalast der Nasriden-Herrscher.*

Seite 118 / 119 *Der Wesir Iban al-Yayyab bezeichnete den Generalife als „Königliches Haus der Glückseligkeit". Am Ende des Kanals im Patio de la Acequia liegt der nördliche Säulenportikus, durch den man den Königlichen Saal (Salón Regio) betritt.*

Seite 120 *Die Acequia del Real, die die Wasserversorgung im Generalife und in der Alhambra sicherte, durchschneidet den schmalen Hof des Wasserkanals (Patio de la Acequia) mit seinen charakteristischen Wasserspielen.*

Seite 121 *Südlich wird der Hof des Wasserkanals (Patio de la Acequia) von einem im Laufe der Zeit stark veränderten zweistöckigen Pavillon begrenzt.*

Seite 122 *In die Wandlaibung zwischen Vorhalle und Königlichem Saal an der nördlichen Schmalseite des Hofs des Wasserkanals (Patio de la Acequia) ist die für die nasridische Architektur typische Nische (Taqa) eingelassen.*

Seite 123 *Der Hof des Wasserkanals (Patio de la Acequia) wurde ursprünglich von hohen Mauern abgeschirmt. Hier sieht man noch ein Stück der Originalmauer mit Stuckdekor.*

Seite 125 *Das Marmorkapitell ist ein schönes Beispiel für die Verwendung der typischen Muqarnas.*

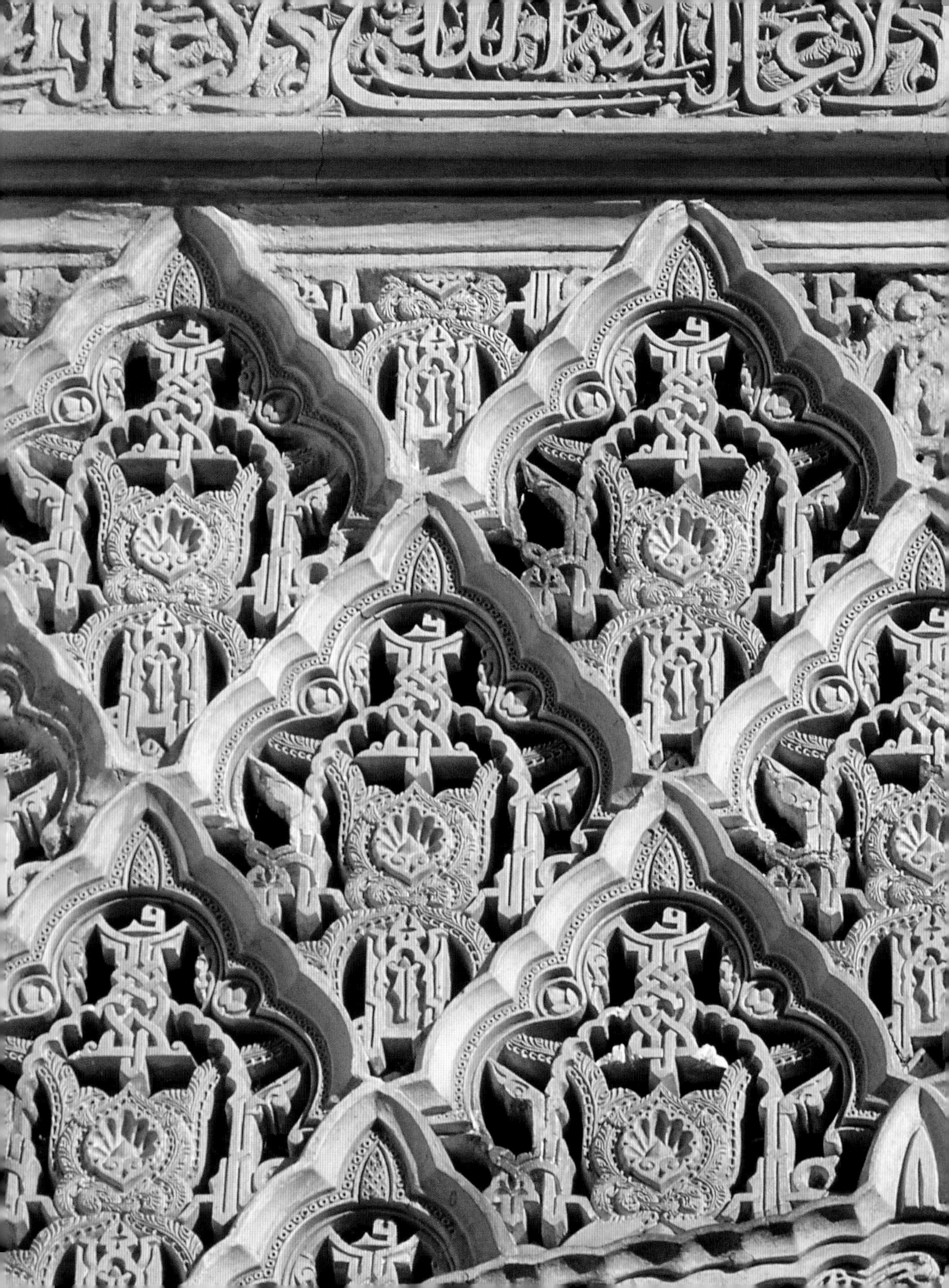

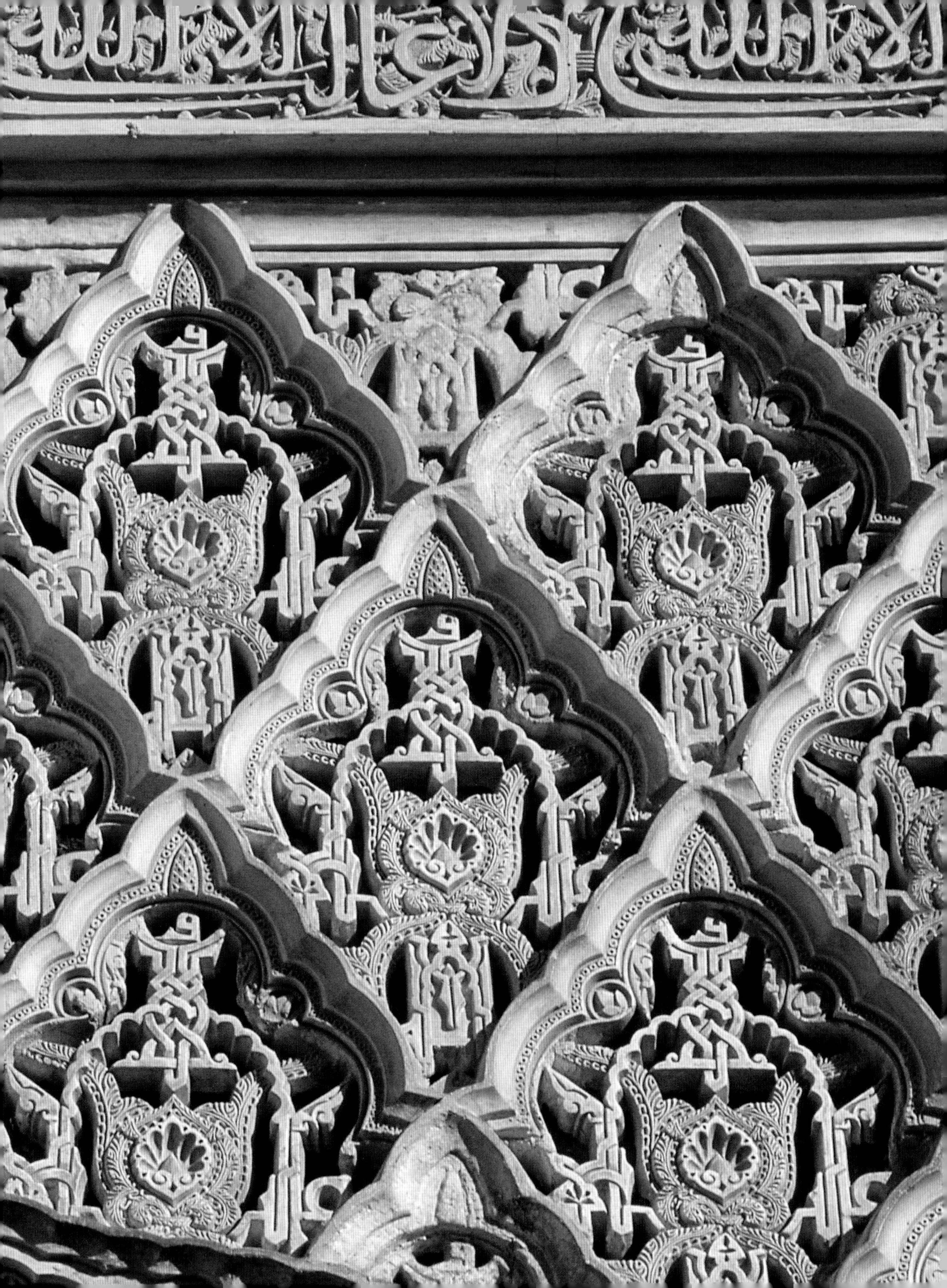

Seite 126 | 127 *Der ursprünglich hohe, geschlossene Westflügel des Hofs des Wasserkanals (Patio de la Acequia) wurde später durch niedrige Arkaden ersetzt, um einen Ausblick auf die Alhambra zu ermöglichen.*

Seite 128 | 129 *Stuck ist ein Gemisch aus Gips, Kalk, Sand und Wasser und eignet sich hervorragend für die künstlerische Gestaltung.*

Seite 130 *Blick vom Generalife über die Neuen Gärten (Jardines Nuevos) auf den Turm der Infantinnen (Torre de las Infantas)*

Seite 131 *Das Erscheinungsbild des Zypressenhofs der Sultanin (Patio del Ciprés de la Sultana) mit dem U-förmigen Becken und etlichen Springbrunnen hat sich in christlicher Zeit verändert.*

Seite 132 / 133 *Südwestlich der Anlage des Hofs des Wasserkanals befinden sich seit 1930 die Neuen Gärten (Jardines Nuevos), zu denen auch ein Freilichttheater gehört.*

Seite 134 / 135 *Der Generalife war das der Alhambra am nächsten gelegenen Landgut und nur durch eine Schlucht von ihr getrennt. Der Blick aus dem Aussichtpavillon des Generalife zeigt links die Kirche Santa María und rechts den Comares-Turm.*

Seite 136 *Schattige Wege laden zum Lustwandeln ein.*

Seite 137 *Prächtige Blumengärten sorgen für Zerstreuung.*

Der

Palast Karls V.

Museo
de
Bellas
Artes
Museum
of
Fine
Arts

Seite 138 / 139 *Der von Pedro Machuca entworfene Palast hat vier gleich lange Seiten. An der linken Ecke des Palasts sieht man das Dach der integrierten achteckigen Kapelle.*

Seite 140 / 141 *Die Fassaden des Palasts Karls V. sind in zwei Geschosse gegliedert. Das beide Geschosse trennende Gesims und die durchlaufende Sitzbank betonen die Horizontalität des Gebäudes.*

Seite 142 *In dem rechteckigen Baukörper des Palasts Karls V. befindet sich ein runder Innenhof, der auch für Theateraufführungen und Konzerte genutzt wurde.*

Seite 143 *Der Innenhof wird von einem zweigeschossigen durchgehenden Säulengang mit jeweils 32 Säulen gesäumt. Auf dem Gebälk der unteren Kolonnade wechseln sich antikisierende Dekorformen (Metopen und Triglyphen) ab.*

Seite 144 | 145 *Die hintere Wand des umlaufenden Säulengangs wird durch Pilaster mit ionischen Kapitellen gegliedert.*

Seite 146 *Detailansicht des Südportals: Über dem Dreiecksgiebel des Eingangs lagern geflügelte Siegesgöttinnen mit Palmzweigen und Kränzen. Die Reliefs der Säulensockel zeigen Waffen.*

Seite 147 *Detailansicht des Westportals: Die Bedeutung der Portale wird durch den Marmor, die vorgelagerten Halbsäulen und das bildliche Dekor betont.*

Seite 149 *Detailansicht des Westportals: Das Medaillon zeigt drei Reiter, die auf die Mitte des Portals zusprengen, und einen laufenden Soldaten.*

Seite 150 *Detailansicht des Westportals: Das Relief präsentiert dem Eintretenden auf Augenhöhe eine lebendig wirkende Kampfszene.*

Seite 151 *Detailansicht des Westportals: Die Allegorie auf den Frieden zeigt zwei auf Kriegsgerät thronende weibliche Figuren mit Ölbaumzweigen und Insignien des kaiserlichen Spanien, den Säulen des Herkules, sowie einen bekrönten Erdball.*

Seite 152 *Ein ins Auge springendes Gestaltungsmittel im unteren Fassadengeschoss ist das wuchtige Rustikamauerwerk.*

Seite 153 *Die traditionellen von Löwen- oder Adlerköpfen gehaltenen Ringe besitzen keinen praktischen Nutzen.*

KAROLO QVINTO
HISPANIARVM
REGI

Seite 154 / 155 *Der Palast Karls V. wird heute als Alhambra-Museum genutzt und beherbergt zum Beispiel die berühmte Gazellen-Vase, von der hier ein Detail gezeigt wird.*

Seite 156 *Pedro Machuca, der Architekt des Palasts Karls V., entwarf auch diesen Renaissancebrunnen. Er steht außerhalb der Befestigungsmauer in der Nähe des Tors der Gerechtigkeit.*

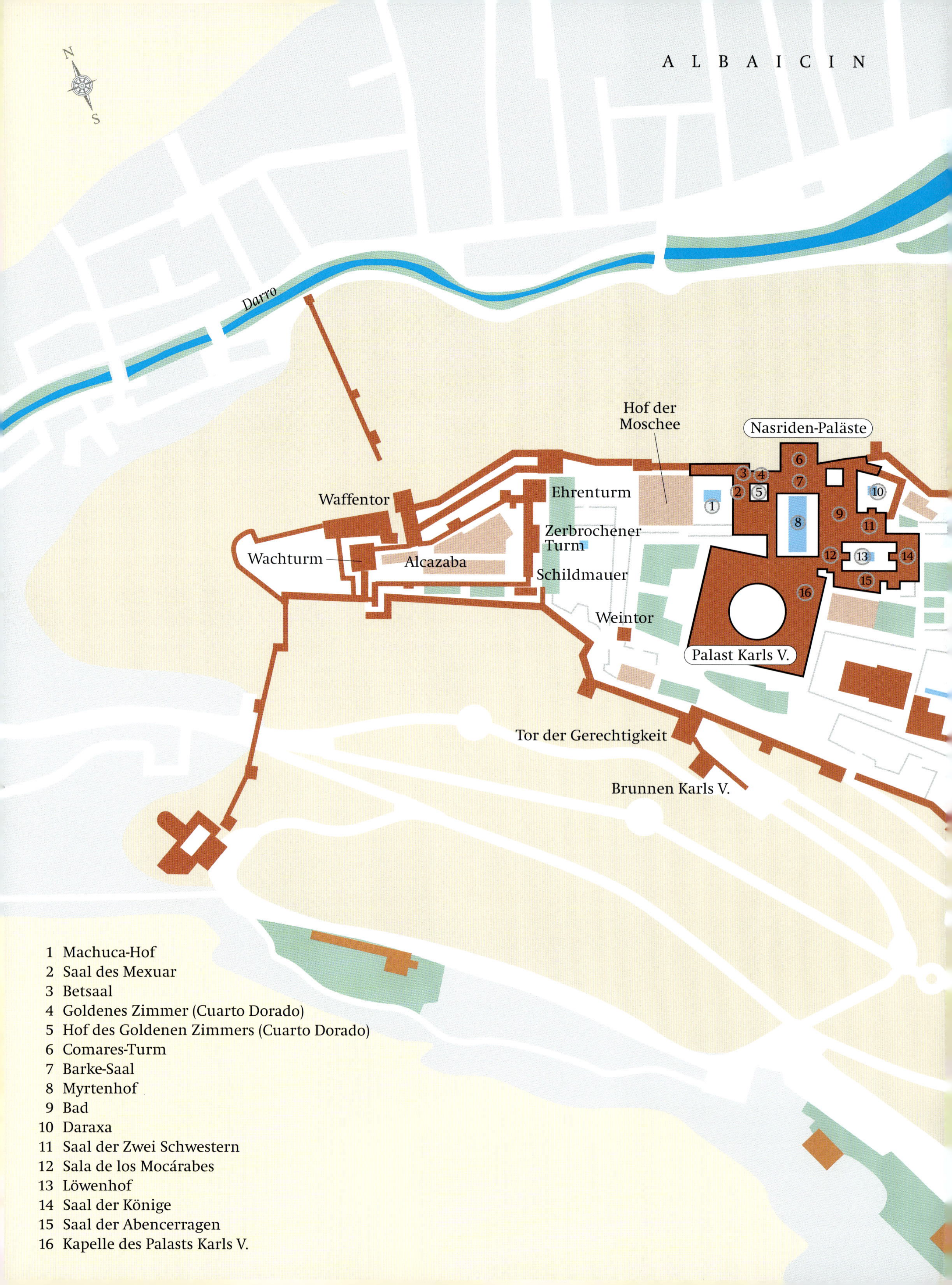

1 Machuca-Hof
2 Saal des Mexuar
3 Betsaal
4 Goldenes Zimmer (Cuarto Dorado)
5 Hof des Goldenen Zimmers (Cuarto Dorado)
6 Comares-Turm
7 Barke-Saal
8 Myrtenhof
9 Bad
10 Daraxa
11 Saal der Zwei Schwestern
12 Sala de los Mocárabes
13 Löwenhof
14 Saal der Könige
15 Saal der Abencerragen
16 Kapelle des Palasts Karls V.

Darro
GENERALIFE
Nordpavillon
Zypressenhof der Sultanin
Hof des Wasserkanals
Südpavillon
Damenturm
rtal
Torre de los Picos
Neue Gärten
Kadi-Turm
Turm der Gefangenen
ALHAMBRA
Theater
Turm der Infantinnen
Medina
0
50
100
150 m

LITERATUR

Anderson, Glaire: Die Alhambra in Granada. Höfische Architektur im islamischen Kontext. In: Christoph Brachmann: Das Mittelalter 800–1500, Klöster – Kathedralen – Burgen, hrsg. von Christian Freigang, Darmstadt 2014, S. 265–270.

Burckhardt, Titus: Die maurische Kultur in Spanien, 2. überarbeitete u. erweiterte Ausgabe, München 1980.

Danby, Miles: The Alhambra, Architektur der Welt, 3. Hrsg. von Udo Kultermann, Weimar 1999.

Grabar, Oleg: The Alhambra, London 1978.

Grécy, Jules: Die Alhambra zu Granada, Worms 1990.

Bermúdez López, Jesús und Pedro Galera Andreu: Die Alhambra und der Generalife, Offizieller Führer, Editorial Camores, o. J.

Bermúdez López, Jesús: Die Alhambra und der Generalife, Offizieller Führer, Patronato de la Alhambra y el Generalife, Alcobendas Tf Ed 2010.

Robinson, Cynthia and Pinet, Simone (Hg.): Courting The Alhambra, Cross-Disciplinary Approaches to the Hall of Justice Ceilings, Leiden 2008.

Stierlin, Henri und Anna: Alhambra, Paris 1991.

Stiglmayr, Cristina María: Der Palast Karls V. in Granada. (=Europäische Hochschulschriften, Reihe XXVIII Kunstgeschichte, Bd. 354) Diss. München 1998. Frankfurt am Main [u.a.] 2000.

Schätze der Alhambra. Islamische Kunst aus Andalusien. Ausstellung in den Sonderausstellungshallen am Kulturforum, Berlin vom 29. Oktober 1995 bis 2. März 1996. Hrsg. vom Haus der Kulturen der Welt, Mailand 1995.

IMPRESSUM

6. Auflage 2025

BeBra Verlag, Asternplatz 3, 12203 Berlin. post@bebraverlag.de.
Bei Fragen zur Produktsicherheit wenden Sie sich bitte an herstellung@bebraverlag.de.

Gestaltung und Satz: Felgner & Zierke, Berlin

Karte: Peter Palm, Berlin

Printed in the Czech Republic

ISBN 978-3-944594-48-4

www.elsengold.de | www.bebraverlag.de